Der letzte Sommer

Gedichte

von

Pit Vogt

Idee, Design & Layout: Pit Vogt

Alle Texte sind frei erfunden

<u>Impressum</u>

Herstellung und Verlag:
BoD - Books on Demand, Norderstedt
ISBN 978-3-7528-9572-8

© 2020

Der letzte Sommer

Als hell die Sonn erstrahlte,
Sah sie ins Himmelblau
Der Tag ihr Lächeln malte
In jener Sonn, die strahlte
Die schöne starke Frau

Mit Schmerzen, kaum erträglich,
Ging täglich sie hinaus
Der Sommer war so herrlich
Die Schmerzen unerträglich
So einsam stand ihr Haus

Am See unter den Bäumen
Lag sie so oft und gern
Sie gab sich hin den Träumen
Am See, unter den Bäumen,
Bis abends kam manch Stern

Ein Herbst zog auf von Norden
Mit Stürmen, nass und kalt
Sie ist so sanft gestorben
Es kam ein Herbst von Norden
Sie wurde nicht sehr alt

Es ist so ruhig geworden
Im Haus am See, beim Wald
Und wie an jedem Morgen,
Wo es so ruhig geworden,
Die schönste Sonne strahlt

Von ihr ist nichts geblieben
Und doch scheint sie nicht fort
Ich wollt sie ewig lieben
Doch ist mir nichts geblieben
An diesem schönen Ort

Ich seh noch heut ihr Lachen,
Als Sommer war im Land
Und fahr in einem Nachen,
So fern von ihrem Lachen,
Am Ufer leis entlang

Es war ihr letzter Sommer
Ob sie mich hört und sieht
Mir scheint der ferne Donner
In jenem letzten Sommer
Um Antwort fast bemüht

In Samt und auch in Seide
Sang sie so gern vom Glück
So schwebt über der Heide,
In Samt und auch in Seide,
Noch heut vom Lied ein Stück

Der Schnee deckt zu die Wipfel
Und kahl liegt Wies und Feld
Und übern steilen Gipfel,
Fliegt Schnee über die Wipfel
Und ich zieh in die Welt

Letzter Sommer

Es war der letzte Sommer
Am Fluss sang sie so gerne
Ein Fisch kam da geschwommen
Und eh der Tag verronnen
Da zählte sie die Sterne

Es war der letzte Sommer
Ihr Lächeln barg den Tod
Ich hab sie gern gesprochen
Es gingen Tage, Wochen
So manches Abendrot

Es war der letzte Sommer
Sie winkte mir kurz zu
Ich hör sie heut noch singen
Ihr Lied wird nie verklingen
In abendlicher Ruh

Es war ihr letzter Sommer
Und einsam ists am Fluss
Sie ist so sanft gestorben
So ohne alle Sorgen
Für sie ein Abschiedsgruß

Träume der Erinnerung

Schön wars in der großen Stadt
Job, Familie
Wunderschön
Dort wo keiner Namen hat
Lebten sie in jener Stadt
So sollt es immer weiter gehn

Doch seit kurzem träumte sie
Von dem Ort, der endlos weit
Sah die Kirche, Wald und See
Manche Nächte träumte sie
Von der fernen Seligkeit

Sie verstand die Zeichen nicht
Doch es zog sie magisch fort
Und sie sah im Traum ein Licht,
Hatte Tränen im Gesicht
Wo nur lag dies Land, der Ort

Mehr und mehr wollt sie dorthin
Alles schien ihr so bekannt
Wo nur lag des Traumes Sinn
Warum wollte sie dorthin
In dies wundersame Land

Eines Tages brach sie auf
Nahm die Tasche wie in Trance
Nahm den Abschied selbst in Kauf
Schweigend brach sie einfach auf
War das ihre letzte Chance

Auf dem Weg durch Traum und Zeit
Kam nach Irland sie bei Nacht
Lang schien dieser Weg und weit
Irgendwo am Rand der Zeit
Ward sie wohl nach Haus gebracht

In dem kleinen Dorf am Meer
Sah es aus wie in dem Traum
Kirche, Wald – sie wollt hierher
In das kleine Dorf am Meer
In das Haus beim Mandelbaum

Nichts war hier wie in der Stadt
Ruhm und Reichtum gabs hier nicht
Wichtig war nicht, was man hat
Wichtig nicht die ferne Stadt
Nur des Mondes fahles Licht

Auf dem kleinen Friedhof dort
Stand sie an dem fremden Grab
Hier an diesem stillen Ort
Trug sie die Erinnerung fort
Las die Inschrift, die schon matt

Da durchfuhr ein Blitz ihr Hirn
Und sie wusste es genau
Ihre Mutter lag hier drin
Ja, ihr Traum zog sie hierhin,
Zu dem Grab der toten Frau

Und sie fühlte sich so gut
Goss die Blumen vor dem Stein
Hatte wieder Lebensmut
Denn sie fand ihr eigen Blut
Ihre Seele wurde rein

Plötzlich hörte sie von fern,
Wie die Mutter leise sang
„Ach, mein allerliebster Stern,
Kamst zu mir, doch ich bin fern.
Kamst zu mir, zum weißen Strand"

Lange saß sie noch am Grab
Und sie küsste sanft den Stein
Dort, wo's keine Zeit mehr gab
Dort an Mutters kleinem Grab,
Konnt sie endlich glücklich sein

Als sie wieder heimwärts zog,
War voll Liebe sie und Kraft
Und ein Silberwölkchen flog
Übers Meer, auf dem sie zog
Ja, sie hatte es geschafft

Und daheim
Dort, in der Stadt
Hatte sie den Sinn erkannt
Wer im Herz sein' Mutter hat,
Braucht nicht Geld, nicht Ruhm und Stadt
Nur manch Traum
Und Mutters Hand

Neumond

Du stehst vorm Spiegel um halb Zwölf
Wirr schreist du rum: *Komm Gott und hilf*
Dein ganzes Leben
Eine Qual
Und es ist Neumond wieder mal

Da drin in deinem Kopf, ganz tief
Da sitzt etwas so krumm und schief
Es macht dir Angst, es bringt sich um
Und plötzlich bist du wieder stumm

Dann sinkst du auf den Wannenrand
Dein Hirn, dein Leib,
Ein einzig´ Brand
Vielleicht drei Jahre noch, ein Tag
Vielleicht noch eine letzte Klag

Der Schwindel macht benommen dich
In Seel und Herz ein letzter Stich
Du krümmst vor Schmerzen dich und weinst
Und weißt, dass du so viel versäumst

Noch einmal wild im Tanz sich drehn
Das wünschst du dich, doch du bleibst stehn
In deinem Kopf das Unheil droht
Und nichts kommt mehr vom lieben Gott

Vielleicht ist´s schon der letzte Tag
Vielleicht ist´s längst die letzte Frag
Bist du zum Leben doch zu dumm
Warum dies Leid, warum, warum

Schon stockt der Atem in der Brust
Zum Sterben hast du keine Lust
Sieht so die letzte Hoffnung aus
Bleibt da am End nur Angst und Graus

Dein Traum verglüht im Glockenschlag
S´ ist Mitternacht in Land und Stadt
Zu Ende scheint dein freier Fall
Und es ist Neumond
Wieder mal

Die Kinder des Krieges

Sie suchen noch das Morgenrot
Die Kinder aus dem fernen Land
Und abends gibt's hier Abendbrot
Die ferne Heimat ist schon tot
Im Krieg ist alles abgebrannt

Sie kamen her ins deutsche Land
Die Kinder aus der andern Welt
Sie fanden manche helfend´ Hand
Und stießen auch auf manche Wand
Sie hatten Hunger, wenig Geld

Man schimpfte laut und leise hier
Warum nur gehen sie nicht weg
Es gibt nicht Krieg
Nicht Bomben hier
Und ruhig ist´s des nachts um Vier
Und volle Läden sind ums Eck

Das alles gab´s im Kriegsland nicht
Es ist zerstört
Das ist nicht mehr
Die Nacht erhellte Bombenlicht
Und manchen Toten fand man nicht
Und Kinderaugen – endlos leer

Wohin geht´s nur – wohin, wohin
Warum der Krieg – warum, warum
Die Kinder wollen wieder hin
Doch aller Traum bleibt ohne Sinn
Und alle Worte bleiben stumm

So anders wird man mit der Zeit
Im fremden Land scheint alles fremd
Man fühlt sich frei
Doch nie befreit
Familie, Heimat ist so weit
Und auf der Haut das letzte Hemd

Die Heimat ist, wo´s Herze schlägt
Auch Bomben löschen das nicht aus
Die Kinder wollten niemals weg
Und hier ist Frieden
Rund ums Eck
Wo steht das gute Heimathaus

Sein letzter Blick

In der Garderobe ganz allein
Ein Clown, schon alt und ziemlich bunt
Schaut in den Spiegel lang hinein
In der Garderobe, ganz allein
Zu seiner allerletzten Stund

Mit weiß geschminktem Angesicht
Schaut er sich bitter schweigend an
Warum nur ist so hell das Licht
So weiß und trist sein Angesicht
Was für ein Narr
Ein alter Mann

So viele Jahre war es so
Die Bühne und die schöne Schau
Jetzt sitzt er hier und scheint nicht froh
So viele Jahre
Einfach so
Sein Haar ist dünn und auch schon grau

Die Kinder hatten ihn geliebt,
Als er noch sang vom großen Glück
So manches laute Frühlingslied
Sang er mit Kindern, die so lieb
Jetzt schweigt er hier im letzten Stück

Sein Leben war die Zirkusluft
Ein andrer sein, das wollte er
Er spürt, wie etwas nach ihm ruft
So fern von aller Zirkusluft
Im Herze wird's ihm ach so schwer

Er kann doch nicht so einfach gehn,
Dorthin, wo er nicht spielen kann
Soll aller Spaß mit ihm verwehn
Soll man denn wirklich wortlos gehn
Er ist ein Clown
Ein Zirkusmann

Doch bleibt ihm keine Antwort mehr
Von fern noch hört er den Applaus
In der Garderobe ists so leer
Hier gibt es keine Antwort mehr
Und er geht niemals mehr hinaus

Ganz dicht rutscht er zum Spiegel hin
„Wo ist mein Lachen", fragt er sich
Wo ist all das, was ich noch bin
Der Spiegel flüstert leis zu ihm:
„Du bleibst ein Clown, gar vorbildlich"

Und lächelnd lehnt er sich zurück
Ein letztes Mal schminkt er sich ab
Es war sein allerhöchstes Glück
Zufrieden lehnt er sich zurück
Hier vor dem Spiegel ward sein Grab

Letzte Reise

Es war so im Oktober
Der Regen wusch manch´ Zeit
Da hat sie sich erinnert
An jenen jungen Mann
Der einst dies Land befreit
Der Regen wusch die Zeit
Und er ging fort sodann

Sie war schon um die Achtzig
Sanft spürte sie etwas
Es waren viele Jahre
Sie hatte weiße Haare
Da war noch irgendwas
Gesichter tränennass
Der Wind blies leis, der klare

Da packte sie die Koffer
Sankt Petersburg ein Ziel
Von dort gings mit dem Bus
Weit fort zum Weltenschluss
Es war wohl gar nicht viel
Für sie kein leichtes Spiel
Im dichten Regenguss

Es gingen viele Jahre
Der Regen wäscht die Zeit
Da hat sie sich erinnert
An jenen jungen Mann
Ach, Russland ist so weit
So schnell vergeht die Zeit
Und sie ging fort sodann

Sonnenwende

Brach liegt längst die ganze Gegend
Brach die Hoffnung
Brach der Blick
Fort sind alle
Sogar lebend
Tot die Hoffnung, tot die Gegend
Rattenseuche Stück um Stück

Sollte da noch etwas leben
Wo sind all die Leute, wo
Keiner ist mehr da zum Reden
Doch wir wollen noch mal leben
Nicht verbrennen letztes Stroh

Bald schon werden Menschen kommen
Neues Blut die Gegend tränkt
Aller Aufwand kann sich lohnen
Keiner wird sich da mehr schonen
Jener Tag
Die Sonnenwend´

Am Deich

Der Wind verfängt sich in den Weiden,
Zerkräuselt manchen Ufersaum
Ich möchte gehen, will nicht bleiben
So anders sind die kalten Zeiten
Auf mancher Welle wiegt nur Schaum

Der Schnee vermischt sich mit dem Regen,
Verkühlt die Seele mir behänd
Ich ruf um Hilfe, will den Segen
Und will doch noch so Vieles geben
Doch hinterm Deich mein Nachen brennt

Noch ziehen triste dunkle Wolken,
Versperren mir den rechten Weg
Ich fühl mich nicht mehr unbescholten
So vieles scheint nicht abgegolten
So manches Übel lächelt träg

Verschämt zieht Angst durch Herz und Sinne
Nichts scheint mehr richtig oder gut
Fast wie vom Biss der schwarzen Spinne
Verschwimmt mein Traum in Trauer-Minne,
Und lässt vom Brand mir nur die Glut

Da lichtet sich der Dunst,
Der Nebel
Ein letzter Tod, ein letzter Schrei
Hoch überm Deich schwebt leis ein Segel
Zerbrochen endlich Hass und Säbel
Ich atme Hoffnung,
Frisch und frei

Fremdes Land

Fremdes Land der trüben Zeiten
Zeigt nur Armut, Trotz, Betrug
Keiner will Courage zeigen
Niemand will mehr ehrlich bleiben
Hab von diesem Land genug

Gauner leben da wie Grafen
Angst und Missgunst überall
Ist man ehrlich, gibt's nur Strafen
Tritte gibt's für manchen Braven
Dort in diesem Schweinestall

Speichellecker, Rotlichtbienen,
Schieber, Stricher, Dummheit satt
Alkoholsucht, Fix-Vergnügen
Liebe in den letzten Zügen
In dem Land, in mancher Stadt

Schnellstens sollt ich von dort fliehen
Denn ich bin mir Mensch genug
Will weit in die Ferne ziehen
Fort von diesen schmutzig´ Fliegen
Fort von diesem Selbstbetrug

Und wenn einst die Götter kommen
In dies Land, das schwarz und öd,
Werd ich längst woanders thronen
Dort, wo sich noch Träume lohnen
Wo der Mensch nicht schlecht und blöd

Letzter Sommer

Es war ihr letzter Sommer
Der Wind verwehte sanft ihr Haar
Der Himmel schien so endlos klar
Am Strand verlor sich bald ihr Schritt
Die Flut kam schnell und nahm sie mit
Es war ihr letzter Sommer
So schön, wie keiner war

Es war ihr letzter Sommer
Sie war so jung, sagt man, und klug
Ihr Lächeln, einst mir schon genug,
Rein und sanft und tränenschwer
Doch blieb ihr Blick so starr und leer
Es war ihr letzter Sommer
Als hoch die Brandung schlug

Es war ihr letzter Sommer
Ihr Haus stand auf den Klippen hoch
Woher sie kam
Sie schriebs mir noch
Wohin sie ging und was sie sucht´,
Bleibt unbekannt
Bleibt ohne Sinn
Es war ihr letzter Sommer
Ich lieb sie immer noch

An Schlesien

(Erinnerungen)

Es zog die Karawan durchs Land
Von fern, vom fernen Schlesienland
Nach Deutschland gings, durch kalte Zeit
Nie war ein Mensch dazu bereit
Sie sollten fort vom Heimatland

Von fern dröhnt schon die östlich´ Front
Die hat das Land und nichts verschont
Ein Grollen zieht am Firmament
Und jeder greift zum letzten Hemd
Man hat hier doch so lang gewohnt

Kein Blick zurück zu jener Stadt
Dort, wo man einstmals froh und satt
Nur an der Oder steht ein Kind
Es weint in den Kanonenwind,
Weils nun die Freunde nicht mehr hat

Schon dröhnt ein Panzerwagen laut
Das Kind steht still und schaut
Und schaut
Längst müsst es ziehn ins deutsche Land,
Wo auch manch´ Haus längst abgebrannt
Und heiß wird's ihm auf seiner Haut

Ich frag, wo sind die Eltern hin,
Von diesem kleinen Schlesienkind
Und plötzlich spricht das Kind den Fluch
Im Heimathaus, im Gasgeruch
Den trug längst fort des Krieges Wind

Da riss es die Familien tot,
Im Morgen- und im Abendrot
Die Männer blieben in der Stadt
Ob Schlesien doch noch Hoffnung hat
Das Kind isst nie mehr Himbeerbrot

Die Menschen, die geflohen sind,
Vermissen auch dies kleine Kind
Und sie vermissen Haus und Mann
Den Frieden auch
Wohl irgendwann
Ob anderswo sie anders sind

Und an der Neiße, überm Fluss,
Da gab es keinen Gottesgruß
Da stolpern übern Pontonsteg
Die Menschen, die vom Krieg verweht
Die Heimat starb in Schutt und Ruß

Ach Schlesien, du bist weit, so weit
Und weit ist auch die beste Zeit
Nur die Erinnerungen ziehn
Durch alle Trauer mitten hin
Die Tränen zolln vom großen Leid

So viele sind jetzt irgendwo
Und Schlesien ward einst nimmer froh
Die Menschen, dies einst ausgemacht,
Sind fort, vertrieben von der Schlacht
Und manchem Kind gings ebenso

Da zieh ich hin am heutgen Tag
Will Antwort auf so manche Frag
Mein Schlesien will ich wieder sehn
Vielleicht will ich dann nie mehr gehn
Vielleicht kommt auch mein´ große Klag

Doch wie ich durch die Straßen geh,
Ists Winter mir,
Im Herz liegt Schnee
Und wo mein Haus gestanden hat,
Gähnt heute noch ein tiefes Grab
Ich schweig, doch schreit in mir die Seel

Trotzdem sind neue Menschen hier
Auch das ist gut
Da stirbt nichts mehr
Und wie zu jener fernen Stund,
Als meine Seel, mein Herz so wund,
Ist wieder neue Hoffnung hier

Und meine Stimme spricht und singt
Ein leises Lied von einem Kind
Das stand am Oderufer dort,
Bis es die Flammen nahmen fort
Ich weiß, dass das niemals verklingt

Da, plötzlich stimmen alle ein
In jenes Schlesien-Liedchen fein
Das Kind fliegt übers Himmelszelt
Und trägt nun Friede um die Welt
Es wollt doch nie gestorben sein

Mir ists, als sei sie noch ganz nah,
Die Flüchtlingskarawane, da
Seht ihr sie auch
Hört ihr die Front
Sie hatte keinen einst verschont
Mein Schlesien starb
Ist doch noch da

Gedanke

Manchmal denkt man,
Man hat keine Zeit
Es ist der letzte Tag,
Die allerletzte Stunde
Dann schaut man sich um und spürt,
Es ist soweit
Noch ein letztes Wort
Vielleicht
Aus meinem Munde

Dann sieht alles anders aus,
Was man so sieht
Und man ist traurig
Muss man jetzt gehn
Und man zählt die Sekunden,
Bevor es geschieht
Beginnt man erst jetzt
Sich selbst richtig zu verstehen

Und plötzlich weiß man es
Ja, man fühlt es genau
Dies alles ist einmal nur
Und es wird für immer vergehn
Dann nimmt man ihn auf,
Den wirklichen Augenblick
Denn das ist wirklich Leben

Glogau-Lied

Breite Straßen, gutes Leben
Läden voller Frucht und Glück
Große Zeit und Gottes Segen
Du mein Glogau, du mein Leben
Bist wohl Schlesiens bestes Stück

An der Oder ewig liegen,
Durch den Rosengarten ziehn
Weihnachtsbaum, die schönsten Blüten
Glogau, du mein Garten Eden
Ach, hier ist´s so wunderschön

Doch so sollt es nie mehr werden,
Denn der Krieg nahm alles fort
Glück und Garten fieln in Scherben
Gott, warum nur dies Verderben
Glogau ward zum schlimmen Ort

Richtung Westen wir dann zogen,
Aus der Heimat, die so fern
Mussten weg, sind ausgeflogen
Hoch der Oder Schicksalswogen
Nein, wir flohen gar nicht gern

Frierend, mit dem Leiterwagen,
Ging´s nun über Stock und Stein
Hungernd, ohne Hemd und Kragen,
Schwiegen wir, ganz ohne Klagen
Wollten endlich wieder heim

Auf dem Weg und in den Gräben,
Tief im Wald, da lagen sie:
Ostarbeiter Nein, kein Segen
Ließen die uns wohl am Leben
Angst und Schmerzen – nachts und früh

Irgendwann gab´s ein Schluck Wasser
Und die Sonne brannte heiß
Mein Gesicht ward blass und blasser
Mutter sparte ein Schluck Wasser
Weiter ging die blutge Reis

Wie die Front schon näher rückte,
Kamen wir ins fremde Land
Stählern mancher Alb da drückte
Todesgleich sich Glogau bückte
Unterm Bomben-Feuerbrand

Nichts ward uns da noch geblieben,
Tief nur die Erinnerung
Hat sich schwer ins Herz geschrieben,
Sich ins Hirn, ins Mark getrieben
Wir sind alt nun, nicht mehr jung

Garnisonsstadt unter Bäumen
Glogau, einst so stolz und schön
Voller Frohsinn, reich an Träumen
Dort am Fluss, den Straßensäumen -
Wollt so gern dich wiedersehn

Doch die Straßen liegen einsam
Meine Heimat gibt's nicht mehr
Ja, wir flohen einst gemeinsam
Jene Heimat, fern und einsam
Und die Hoffnung wiegt so schwer

Ach, es weint mir Herz und Seele
Glogau fließt durch Kopf und Blut
Wenn ich dann die Tage zähle,
Ich mich durch mein Leben quäle,
Brodelt Schwermut und auch Wut

Dieser Krieg bracht so viel Wunden,
Nahm die Heimat mir und dir
Ach, wir weinen Stund um Stunden
Haben Neues zwar gefunden,
Doch die Heimat niemals mehr

Hör noch immer die Sirenen,
Die uns trieben aus der Stadt
So viel Trauer, soviel Tränen,
Will dafür mich niemals schämen,
Weil ich so viel Sehnsucht hab

Neue Menschen können´s richten
Glogau lebt noch, ist nicht tot
Dass die Dichter wieder dichten
Lasst die Alten euch berichten,
Wie der Heimat Morgenrot

Heute fahrn wir Richtung Osten,
In die Heimat, Glogau, ach
Schon vorbei am Grenzen-Posten,
Geht's noch einmal Richtung Osten,
Hin zum heimatlichen Dach

Doch die Häuser aller Kindheit
Sind längst fort, sind ausgebrannt
Traurig noch und reich an Blindheit
Such ich nach der fernen Kindheit
Nach dem schönen Schlesienland

Glogau aber fand ich nimmer,
Nur die Oder fließt dahin
Ab und an warnt leis ein Trümmer
Ferner Rosengarten-Schimmer
Fern die Heimat,
Fern der Sinn

Träum vom heimatlichen Lachen
Träum von dem, was nicht mehr da
Streichle Bäume, alte Sachen
In der Heimat blieb mein Lachen
In der Welt, so, wie sie war

Leise zieht ein Wind von Osten
Kündet von der Heimat mir
Zwar sind fort die letzten Posten
Und die alten Panzer rosten
Doch der Krieg ist noch all hier

Sagt es drum den Kindeskindern:
Niemals wieder Hass und Krieg
Wieder Weihnacht in den Wintern
Heimat schlägt in Herz und Kindern
Glogau bleibt mir ewig lieb

Für Mama

Manch Spur

Manch Spur verwischt
Im Schnee
Im Regen
Manch Licht verlischt
Bei Nacht
Im Leben
Schon lang verweht
Im Wintersturme
Der letzte Traum
Vom Wolkenturme
Doch kommt schon bald
Ein neuer Morgen
Im Winterwald
Und ohne Sorgen
Die neue Spur
Im Feld, auf Wiesen
Bringt Hoffnung nur
Den Weg genießen
Bis das die Zeit
Nun bringt das Gute
Und Leben bleibt
Mit reinem Blute

Nordwind

Wenn der Wind von Norden weht,
Kommt auch die Erinnerung
An die Zeit, die in mir steht
Doch die Träume sind verweht
Und die Seele weint, ist wund

Was für eine schöne Zeit
Irgendwo am Rand der Welt
Alles Glück schien nicht mehr weit
Irgendwo am Rand der Zeit
Mir war klar, dass das nicht hält

Plötzlich kam ein Regentag
Alles wurde kalt und fremd
Irgendwann in jener Stadt
Kam ein kalter Regentag,
Der uns viel zu schnell getrennt

Und ich ging ein letztes Mal,
Ließ Dich irgendwo zurück
Was für eine Seelenqual
Dich zu sehn
Ein letztes Mal
Jenseits von dem großen Glück

Einsamkeit zog in mein Herz
Nirgendwo fand ich noch Sinn
Alles Beten himmelwärts
Traf mich doch nur tief ins Herz
Will zu Dir nur wieder hin

Wenn der Wind von Norden weht,
Spür ich einen neuen Tag
Nein, es ist noch nicht zu spät,
Auch wenn mancher Wind kühl weht
Weil ich doch noch Hoffnung hab

Zeit

Manchmal denk ich,
ich sei ein Stück Holz,
das da treibt auf dem Wasser
Irgendwo,
im nahen Bach am Wald
Und irgendwo
das mächtige Wasser und das schwache Holz
Es treibt und treibt
Und ist wohl ausgeliefert diesem Wasser- überall
Und ist der Bach auch noch so klein,
das Holz muss dienen diesem Lauf
Dem Lauf der Dinge
Dem Lauf des Lebens
Es flieht vielleicht,
von einer leichten Woge abgetrieben,
auch mal ans Ufer fast
Doch bleibt es immer an der Oberfläche
des Wassers, noch
Und manchmal denk ich,
es geht bald unter,
gnadenlos,
irgendwann
Doch treibt es weiter – ganz einfach so
Vor vielen Jahren,
als ich noch ein Kind,
hab ich ein Holz in jenen Bach geworfen
Und bin mit einem Floß
ihm nachgefahren – irgendwohin,
bis an den Sumpf
Dort ging es nicht mehr weiter
Doch irgendwo,
da findet jedes Holz den Weg

Das Stückchen Holz treibt fort
Und immer weiter
Immer fort
Bis zu dem dicken großen Stein
Es verweilte dort nur kurz
Ich dacht, jetzt geht es unter
Doch treibt es balde,
wie von Geisterhand geschubst,
an jenem Stein vorbei
Ist frei
Und ist so leicht und wird getragen
von diesem Bach,
der wird zum Fluss und mündet bald
ins Meer
Und trifft so viele seiner Brüder
Doch saugt sich´s auch voll
Ist nicht mehr leicht
Sinkt irgendwann,
so erdenschwer,
auf einen dunklen Grund
Dann ist es weich
Und es zersetzt sich
Ist plötzlich fort
Und nicht mehr da
Und keiner weiß, dass es mal hier
und fröhlich einst geschwommen
Durch Raum und Zeit
Drum nutzt die Kindertage
und auch die Jugendjahre
und lacht und seid gesund
Zu schnell vergehn die Zeiten
Und schwer und alt
sinkt ihr auf jenen Grund Eures Lebens
Und bleibt dort ruhen,
bis Euer letzter Tag gekommen

Denn Ihr seid, wie alle hier
Es liegt an Euch,
die Zeiten zu erleben
Freut Euch an dieser Welt
Sie ist nur einmal
Und zieht an Euch vorüber
Nehmt sie stets mit
Und lasst sie niemals ziehn
Ihr habt die Chance
als Mensch,
denn ihr seid keine Hölzchen

Gedanke

Wenn die Dummheit recht behänd
Wild durch manche Straße drängt
Wenn die Geilheit immerfort
Heftig wird an jedem Ort
Wenn sich Krieg gar raubtierhaft
In die Städte lautstark kracht
Ist das Ende nicht mehr weit
Und es stirbt der Mensch, die Zeit
Ist verloren alles Gut
Es erstarrt fast jedes Blut
Und es stirbt die letzte Brut

Gedanken

Am Anfang siehst die all die vielen viel zu langen
Lebensjahre,
die vor dir liegen wie ein dickes, aufgeklapptes fremdes
Buch
Da sind so viele unentdeckte wunderschöne Stunden
und auch Tage
Und all der Welten Dinge, deine liebe Mutter und die Luft,
die klare
Die Kinderzeiten scheinen wie ein weiches, buntbedrucktes
Seidentuch

Wenn du dann groß bist, willst du immer
noch viel größer werden
Das Meeresrauschen willst du sehen, und den fernen,
nicht sehr hellen Honigmond
Liegt deine Welt vielleicht so manches Mal in tausend
spitzen Hoffnungs-Scherben,
strotzt du vor Kraft und wirst so manchen alten Chef
sehr schnell beerben
Du fliegst bis zu den Sternen, wo sich das Träumen und
das Lieben
immer wieder lohnt

Im heißen Herbst zerfließt du fast mit allen deinen so
perfekten, flotten Träumen
Die Zeit verrinnt, und du rennst jeder Stunde wie ein
Wolfshund
zähnefletschend hinterher
Noch einmal jung sein, auch so manchen Kuss verschenken
unter duftig – welken Mandelbäumen
Das rasend´ Herz bezwingen, keinen Tag, und ja den
allerletzten Schuss
nicht mehr versäumen

Dein Kopf wirkt kahl, dein Bauch scheint dick und deine Blicke
sind so hektisch leer

Am Ende doch schaust ruhig du zurück auf all die vielen
kurzen Lebensjahre,
die du gegeben hast – sie scheinen wie ein dickes,
zugeklapptes Buch
Schaust dich gelassen um und atmest jene abendliche
würzig´ Luft,
die klare
Du weißt es längst, es bleiben dir nicht mehr so viele schöne
Lebensjahre
Dann wirst du gehen müssen, ade du Welt,
und du bedrucktes kindlich-weiches Seidentuch

Nomade

Ja, hier draußen lebt die Stille
Heute hier und morgen dort
Irgendwie mein bester Wille
Überall nur Weite, Stille
Sterne, Himmel, kaum ein Wort

Hund und Zelt, das ist mein Leben
Meine Träume sowieso
Hier, wo ewig Winde wehen,
Kann ich in die Ferne sehen,
Bin ich glücklich, leicht und froh

Doch schon bald, da werd ich ziehen,
Weg von hier, von diesem Ort
Nein, das ist kein ängstlich fliehen,
Ist nur einfach Weiterziehen
Denn mich treibt es fort, weit fort

Unruhig mein Hund, mein Herze
Rastlos alles, auch mein Sinn
Und im Licht der letzten Kerze
Mache ich schon Wanderscherze,
Weil ich nie Zuhause bin

Ach, hier draußen spür ich Leben,
Jenseitig von Stadt und Zeit
Hier, wo Winde, Stürme wehen,
Kann ich meine Träume sehen,
Fühl ich mich so sehr befreit

Dann ein Abschied von so vielen
Wieder freu ich mich darauf
Zu ganz neuen, fernen Zielen,
Heißen Ländern, und auch kühlen,
Mach ich mich nun endlich auf

Danach

So stille ist´s, so friedlich still
Die Sonne geht, die Nacht beginnt
Sie geht allein, so, wie sie will
Es ist so friedlich und so still
Und leise säuselt nur der Wind

Sie sollt daheim wohl lang schon sein
Bei Mann und Sohn, die warten doch
Sie aber geht für sich allein,
Trinkt Schluck für Schluck vom Fläschchen Wein
Und hofft so vieles immer noch

Es ist am Krankenhaus der Park,
In welchem sie nur einfach geht
Den ganzen Tag so stark, so stark
Und jetzt allein im Klinikpark
Für Therapien ist´s längst zu spät

Man sagte ihr: Mehr geht nicht mehr
Austherapiert
Ganz nah dem Tod
Doch scheint ihr Blick, ihr Herz nicht leer
Selbst ihre Seele wiegt nicht schwer,
Weil wohl schon bald das Ende droht

So setzt sie sich auf eine Bank,
Die unterm Lindenbaume ist
Sie fühlt sich gut und gar nicht krank
Sie möcht auch bleiben hier im Land
Sie will, dass man sie nicht vermisst

Und doch schwingt da
Sie weiß nicht, was
Durch ihren Leib und durch ihr *Ich*
Mit ihrem Sohn den schönsten Spaß,
Und mit dem Manne sonst noch was
Das wollt sie gern und inniglich

Ein Lächeln huscht ihr ins Gesicht
In ihrem kahlen Kopf ein Lied:
„Ach ihr, Familie, weint jetzt nicht
Ich bin noch da, bin noch im Licht
Ich lebe noch und hab euch lieb"

Sie wischt die Tränen sich vom Aug
Und starrt hinein in jene Nacht
Dies Dunkel um sie ist nicht laut
Ist Sterben wirklich so vertraut
Wie ist's, wenn keine Sonn mehr lacht

Und plötzlich wird ihr leicht und gut
Und sie geht heim zu Sohn und Mann
Sie hat ein Ziel noch, das macht Mut
Im Herzen rauscht noch immer Blut
Ein jeder stirbt mal irgendwann

Vorm Hause bleibt sie nochmal stehn
Und schaut durchs Fenster lang hinein
Die beiden werden es verstehn
Sie weiß es Ja, sie wird bald gehn
Und schüttet weg den letzten Wein

Mondloser Abend

Trübe ist der Tag,
Der letzte Tag am Meer
Und immer wieder leben meine Träume
Leben in dieser kalten Einsamkeit
Ich bin abhängig zu sehr
Von alten Gefühlen
Von Dir, Du alte Liebe

Und ich stehe vor den Trümmern meines Lebens
Ausgebrannte Welt, zerstört
Und jeder Tag vergebens
So flieh ich weit,
Ins tatenlose Nichts der Zeit
Und die Ruinen meiner Hoffnung ragen in die
Dunkelheit
Drohen in der tristen Dunkelheit

Leise ist mein Wort,
Mein letztes Wort im Wind
Und immer wieder wollt ich´s schreien
Umsonst – ich werd doch nie erhört
Was wollt ich immerzu
Von meinem Leben
Ich kann jetzt nur noch schweigen

Und ich stehe vor den Trümmern meines Lebens
Aufgebaute Welt, zerstört
Und jeder Tag vergebens
So flieh ich weit,
Ins tatenlose Nichts der Zeit
Und die Ruinen meiner Hoffnung ragen in die
Dunkelheit
Drohen in der tristen Dunkelheit

Tränen

Tränen, schönes Land
Ein Abschiedswort
Und wieder steht ein lieber Mensch in bunten Hausschuhn
Vor der Tür im Regen
Winkt noch ein letztes Mal, ade,
Viel Glück
Komm doch recht bald zurück
Wer weiß, es wird wohl nie mehr sein
Ich bleib in meiner Welt allein

Tränen, fernes Land
Leerer Horizont
Ein Gesicht, dass ich stets bei mir hab
Nur die Erinnerung in mir,
Sie bleibt für immer wach
Mach´s gut, Du Glück
Wir hatten uns so gut verstanden
Und manchmal auch mal harte Worte
Ach, warum
Ich hab Dich doch so sehr gebraucht

Tränen, weites Land
Die Zeit des Lebens geht vorbei
Und nimmt uns mit
Und sie nimmt so Vieles uns
Der kalte Wind treibt feuchtes Laub
Ade, viel Glück
Du hast so oft durchweint die Nächte
Dass mich ein Zug nach Hause brächte
Ich seh Dich lächeln durch zerbrochene Fensterscheiben
Meiner viel zu kalten Welt

Wunsch

Manche faseln viel von Glück
Doch sie selbst sind satt und reich
Kennen von der Pein kein Stück
Doch sie plappern stets vom Glück
Doch sind fern die Leiber
Bleich

Auch von Liebe plappert man
Doch es blühen Neid und Hass
Jeder kämpft zäh wie er kann
Korruption lebt gut sodann
Kriege geben manchen Spaß

Diese Welt scheint schräg und schief
Überall sieht man Verdruss
In den Städten Rauch und Mief
In den Köpfen plagt manch` Tief
Und es stinkt nach Tod und
Schluss

Doch in Wäldern,
Irgendwo
Blüht ein kleiner Hoffnungskeim
Dort ist´s wieder ruhig und froh
In dem fremden Anderswo
Da darf jeder glücklich sein

Drum beginnt nochmal von vorn
Macht es besser
Macht es gut
Legt jetzt nieder
Hass und Zorn
Dort, wo Menschlichkeit erfrorn
Lebt die Liebe
Und habt
Mut

Hey Papa
(Für meinen Papa Ferry)

Hey Papa,
Du,
Im viel zu weit entfernten Land
Ich denk an Dich
Und ich bin schon groß
Auf den Bildern hab ich dich so oft erkannt
Ich denk ich an dich
Jetzt
In diesem fernen Land
Ich bin Dein Sohn im sicher-guten,
Lieben
Mutter-Schoß

Ihr habt getroffen Euch damals in Leipzig,
Ach
Studiert habt ihr
Und mich dabei gemacht
Gerade jetzt denk ich so lange nach
Alte Fotos halten mich endlos lange wach
Ach Papa,
Du hast mit uns so oft geträumt,
Gelacht

Ich war ein kleiner Junge noch,
Da gingst du fort
Bist jetzt im viel zu fernen Nimmerland
Doch ist dies vielleicht kein ewig ferner Ort
Ach Papa,
Dies Gedicht ist für Dich als kleines Dankeswort
Nicht nur auf Bildern haben wir uns wirklich
Gut gekannt

Hey Papa,
Du,
Im fernen,
Nahen Land
Ich hab dich lieb,
Wie meine Mama auch
Noch sind da unsere tiefen Spurn am Wegesrand
Auf alten Bildern haben wir uns alle gut gekannt
Du bist jetzt Doktor-Chemiker
Mit einem echt schlauen Bauch

Vielleicht an irgendeinem Sonnentag
Treffen wir uns an einem schönen Lebens-Strand
In San Francisco
Wie ich mirs so zusammen denken mag
Jenseitig von mancher Träne und so mancher
Abschieds-Klag
Hey Papa,
Gruß von mir und Mama
Und von unseren tiefen Spurn an irgendeinem
Zauberhaften
Wegesrand

Letzter Vers

Das Lied ist aus
Der Künstler geht von dannen
Der Vorhang fällt
Kein Publikum im Saal
Es piepst die Maus
Die kann den Ruhm nicht ahnen
Verklärte Welt
Hier blieb wohl keine Wahl

Der Künstler ging
Und seine Kunst
Verflogen
Der Vorhang fiel
Das Licht geht langsam aus
Wo ist der Sinn
Egal, ob wahr, gelogen
Es gibt kein Ziel
Das weiß der Mann,
Die Maus